(Par Angliviel La Beaumelle,
d'après Barbier.)

DE L'EXCELLENCE

DE LA

GUERRE AVEC L'ESPAGNE.

DE L'IMPRIMERIE DE DAVID,
RUE DU POT-DE-FER, N° 14.

DE L'EXCELLENCE

DE LA

GUERRE AVEC L'ESPAGNE;

Par A. L. B.

Je n'en vivrais, Monsieur, que trop honnêtement;
Mais vivre sans plaider, est-ce contentement?
(*Dame Yolande, comtesse de Pimbesohe.*)

Prix: 1 franc 50 cent.

A PARIS,

CHEZ LES MARCHANDS DE NOUVEAUTÉS.

Et chez tons les Libraires du Palais-Royal.

JANVIER 1823.

DE L'EXCELLENCE

DE LA

GUERRE AVEC L'ESPAGNE.

J'HÉSITE en mettant la main à la plume, et cela n'est pas étonnant ; ceux qui ne connaissent pas l'Espagne en parlent avec tant d'assurance, qu'il est tout naturel que celui qui la connaît un peu soit embarrassé. Montaigne prétendait qu'il fallait que chacun écrivît de ce qu'il savait. Quelle ridicule assertion ! on voit bien que c'est un de ces philosophes qui ont produit tous les malheurs de la France. Fort heureusement pour le commerce de la librairie, de tous les conseils du sceptique de la Gironde, nul n'a eu moins de partisans. Plus on étudie un objet, plus on sent le besoin de l'étudier ; et l'on n'écrirait jamais, si l'on n'écrivait que ce dont on est bien sûr. C'est pour cela, qu'après quelque doute, je me suis hasardé à publier mes idées. Comme je n'ai passé que six ans en Espagne, comme je n'ai parcouru que les deux tiers de ses provinces, comme je n'ai pas lu la dixième partie des ouvrages imprimés sur l'histoire et la politique de ce pays, j'ignore encore assez de choses pour pouvoir émettre mon opinion d'une manière presqu'aussi tranchante que ceux qui ne l'ont vu que sur la carte et qui n'ont passé ses fleuves qu'avec les doigts.

Pour me mettre en haleine cependant, je vais commencer par des généralités. J'en viendrai ensuite aux applications; je m'occuperai d'abord des causes de la guerre, ensuite de ses prétextes, et enfin, de ses résultats.

Des causes de la guerre.

La guerre est un des deux états naturels des sociétés humaines. Elle est alternative avec la paix, comme pour les animaux le sommeil est alternatif avec la veille. Il est impossible de décider par l'observation si les peuples sont plus essentiellement belliqueux

que pacifiques, mais ils sont tous successivement l'un et l'autre, et cela depuis le com-
mencement, car la fabrique des armes est la
première des industries. Hobbes croit l'état
de guerre le plus naturel, et en dérive tout
jusques à la sociabilité; et Hobbes était un
publiciste très-bien pensant et apôtre déterminé de *l'absolu.* Sans embrasser son opinion, il me suffira d'avancer, ce qu'on ne con-
tredira pas, que jamais le soleil n'a fait sa
course journalière sans éclairer la guerre sur
quelque coin de notre boule terraquée.

De ce que l'état de guerre est essentiel, au
moins de temps en temps, à la société, il
s'ensuit qu'il est un bien. Aussi les Romains
l'appelaient-ils *bellum.* Le beau idéal pour
eux était à se battre. Je ne m'appesantirai pas
à développer tous les bienfaits de la guerre,
je me permettrai seulement de dire que si
c'est une maladie sociale, ainsi que le prétendent quelques personnes, c'est du moins une
de ces maladies chroniques, comme la goutte,
dans laquelle la nature fait des efforts pour
détruire les vices intérieurs qui nous consu-
maient *incognito,* dans le temps que nous
nous croyions en santé.

La guerre étant une chose naturelle, il s'ensuit que ses causes sont intérieures. On peut bien être éveillé plutôt qu'à l'ordinaire par un bruit insolite; mais on se réveille tout seul lorsqu'on est fatigué de dormir. L'histoire est encore là, pour nous l'apprendre. Les peuples guerroient afin de satisfaire un besoin, car il n'existe jamais de proportion entre ce que le vulgaire nomme les causes de la guerre et les résultats qu'elle produit. Tel motif qui, dans une occasion, aura occasioné une guerre de trente ans, ne fera pas remuer quatre hommes, dans une autre circonstance.

Savoir si l'on fera la guerre n'est donc pas une question de morale ou de politique; c'est une question de fait. Il s'agit de constater par l'observation, si la nation dont il s'agit est dans l'état d'érétisme militaire qui ne peut être soulagé que par les batailles. Les individus de l'espèce humaine ont assurément de bonnes qualités, mais, ils ont l'orgueil de se croire en toutes choses, des êtres infiniment importans. Ils pensent en leur âme et conscience qu'ils sont la guerre et la paix. La vérité est que ce font les circonstances qui en décident, ou, pour mieux dire, celui dont la main maîtrise et dirige les circonstances.

Les signes d'une guerre prochaine sont l'excès d'aisance, de population, de richesse; le sentiment qu'une nation a de sa force, qui la rend audacieuse et peu endurante; l'exaltation des ambitions particulières qui cherchent l'agitation pour être classées suivant leur mérite, de même que le mouvement du bled dans le van, permet à chaque grain de se placer suivant sa pesanteur spécifique.

Toutes ces circonstances et d'autres moins importantes peuvent exister, et cependant la guerre n'être pas déclarée; parce que pour les deux choses les plus divertissantes du monde, au dire du prince de Ligne, pour faire la guerre comme pour se marier, il faut être deux du même avis. Il faut donc trouver à point nommé parmi ses voisins, quelqu'autre peuple dans la même disposition, car on ne peut faire la guerre qu'à des gens qui se battent: voyez, par exemple, la campagne du général Berthier contre Rome, et celle des Autrichiens contre Naples.

Des prétextes de la guerre.

Les Idéologues, qui n'ont pas toujours raison, quoiqu'ils n'aient pas été la cause du désastre de Moscou, les Idéologues disent que lorsque le jugement de l'homme a décidé qu'une chose était avantageuse à son individu, sa volonté suivait la direction de son entendement, et qu'il agissait en conséquence. Cela peut être bon pour la théorie, mais dans la pratique, les choses se passent autrement : l'homme commence par avoir une volonté, et lorsqu'il est décidé, il exerce à loisir son jugement, afin de trouver des motifs raisonnables à ce qu'il veut faire, et de découvrir les moyens d'en venir à bout. Demandez plutôt à nos publicistes, si leurs conclusions ne sont pas irrévocablement déduites, avant qu'ils n'aient songé aux prémisses ? La dialectique et l'art oratoire ne serviraient à rien, si leur but n'était pas de prouver une proposition quelconque sans égard à la vérité de son énoncé. Si l'on se contentait de déduire des propositions vraies ce qu'elles contiennent, quel horrible malheur !

et de combien de bonnes choses ne serions-nous pas privés depuis les volumes de M. de B........ , jusqu'aux articles de journaux de M. L.........

Il en est de même de la guerre. Lorsque la volonté sociale l'a décidée et l'a faite, les historiens et les publicistes cherchent des motifs et les trouvent toujours. On est allé jusqu'à en faire diverses classes , et à dire qu'il y en a de justes et d'injustes. La seule chose positive, c'est que sauf le besoin naturel , il n'existe aucun motif raisonnable ni demi, de faire la guerre offensive , parce qu'il est éminemment déraisonnable de se faire du mal pour en faire aux autres.

Il n'a jamais existé de guerre qui n'ait fait dépenser plus qu'elle n'a rapporté. Le plus petit déploiement de forces vous coûtera 40 millions, au-delà de vos dépenses ordinaires ; or , avec ces 40 millions , vous pourriez :

Ou confectionner mille lieues de grandes routes ;

Ou construire deux cents arches de pont de grandes dimensions ;

Ou creuser trente lieues de grands canaux de navigation ;

Ou planter en forêts de pins cent cinquante mille hectares de dunes ;

Ou dessécher quatre-vingt mille hectares de marais ;

Ou établir et soutenir deux cents journaux bien pensans ;

Et, assurément, il n'y a pas une lieue de ces chemins, une écluse de ces canaux, une arche de ces ponts, un arpent de ces marécages, un arbre de ces forêts, une feuille de ces journaux, qui ne vaille mieux que les résultats pécuniaires de votre expédition de 4o à 5o mille hommes.

Mais, si les guerres n'ont point de motifs extérieurs, proprement dit, elle peuvent avoir et elles ont des prétextes. C'est ce dont les gouvernemens se servent dans l'occasion, pour remplir les manifestes.

« Si j'avais, disait un grand prince, les millions qu'il me faudrait pour la guerre, je n'en détacherais pas un écu pour acheter un prétexte. » Le prince avait tort ; de bons prétextes sont bons : c'est de la charlatanerie, si l'on veut ; mais le résultat de la charlatanerie peut être une chose réelle. Que le diacre Pâris, les magnétiseurs, le prince de Hohenlohe aient eu des pouvoirs surnaturels, je me permets d'en douter; mais la terre du tombeau du diacre, les gestes des magnétiseurs, les paroles du prince, ont pu agir sur l'imagination, et celle-ci sur le corps des malades.

Un bon prétexte est de la même nature; il n'est point de l'argent, mais il peut rendre plus facile la perception de l'argent; il n'est point un homme, mais il peut donner lieu à des discours qui entraînent les hommes, nous souvenant toujours qu'il faut que les causes intérieures de la guerre préexistent; sans cela les prétextes sont inefficaces. On n'est pas magnétisable si on n'a la foi; et si l'Europe, au temps des croisades, n'eût point éprouvé la fièvre militaire, les sermons latins de S. Bernard eussent été perdus, et la foule n'y aurait pas répondu, sans les comprendre, par des cris de *Diex et volt.*

On peut compter deux sortes de prétextes, ceux qui sont fondés sur des choses réelles ou physiques : par exemple, lorsqu'il s'agit d'une ville ou d'une province à conquérir, d'un tarif de douanes à faire changer, d'un pigeonnier à démolir; et ceux qui sont fondés sur des objets moraux, immatériels, ou, si l'on veut, imaginaires. A cette section appartiennent toutes les allégations relatives à la religion, à la métaphysique, à la théorie politique, à l'amour-propre, à tout ce qui n'a point de réalité physique.

Ces derniers sont de beaucoup les meilleurs, parce que les idées morales sont celles qui agissent avec le plus d'énergie sur l'imagination, et surtout parce que, n'ayant point de limites fixes, on peut leur donner l'extension qu'on veut. Vous demandez une bicoque à votre ennemi, il vous la cède, c'est fini; vous ne pouvez satisfaire votre besoin de vous battre, vous risquez de succomber à une humeur belliqueuse rentrée; au lieu que, si vous lui ordonnez d'être musulman, par exemple, il aura beau faire certaines cérémonies, réciter certaines prières, vous serez toujours le maître d'ajouter aux conditions nécessaires, et de faire durer votre plaisir autant que vous le désirerez.

De plus, quelque bonne que soit la guerre, il faut que tout finisse. Un bonheur éternel n'est pas fait pour cette vie, et ce n'est que dans le paradis des Scandinaves que l'on se bat tous les jours pendant toute l'éternité. Ici-bas nous nous ennuyons, nous nous lassons des meilleures choses; et quoique les coups de fusil soient plus agréables que les pâtés d'anguilles, on se dégoûte des uns comme des autres. Or, les prétextes immatériels étant toujours indéfinis, susceptibles d'explications, de discussions, avec eux on commence et on s'arrête quand on veut. La demande n'étant jamais définie, la satisfaction est toujours suffisante, et l'on a l'avantage de faire la paix sans honte, lors même qu'on a fait la guerre sans succès.

Des résultats de la guerre.

La guerre a deux espèces de résultats. Les uns sont réels, positifs, indubitables. Par exemple, la gloire dont se couvrent les militaires, car il y en a toujours pour quelqu'un; et dans une déroute même, celui qui se rallie à dix lieues peut regarder du haut en bas celui qui a fui jusqu'à douze.

Les avancemens qui augmentent les appointemens, les croix qui conduisent à des pensions, sont aussi des avantages incontestables, non-seulement pour les individus, mais pour l'État, qui gagne à l'activité des remplacemens, de rajeunir les militaires. Lorsqu'on ne peut être colonel qu'à trente-six ans en temps de paix, il faut une guerre tous les dix ans, à peine de voir les armées commandées par des ganaches.

Enfin, comme il faut que tout le monde soit content, la guerre aura, aux yeux des *politiques*, cet avantage qu'elle assure la paix. La gloire, et même la victoire, dérange les finances, écrême la population, diminue les mariages. Lorsque l'éruption a été bien complète, tous ces petits inconvéniens commencent à se faire sentir, et l'envie de se battre passe d'autant plus complétement qu'on s'est mieux battu. On dort plus profondément lorsqu'on a fait un peu d'exercice.

Je ne parle pas des colonnes, des vaudevilles, des médailles, des odes, des acrostiches, des arcs de triomphe, des tableaux, des statues, toutes choses fort avantageuses pour les artistes qui les exécutent; et l'on sent bien qu'après des résultats aussi satisfaisans, ce serait une grande pitié de s'arrêter aux autres avantages possibles, mais toujours douteux.

On étendra ses frontières! Les nouvelles acquisitions seront long-temps à se consolider; ensuite, elles ne rapportent jamais ce qu'elles ont coûté; enfin, les hommes que vous acquerrez ne valent pas ceux que vous avez perdus.

On percevra des contributions! soit; mais elles ne rendront pas la dixième partie de la dépense du Trésor.

On acquierra de l'influence sur ces pays! Autre billevesée. Jamais vous ne ferez par la force un auxiliaire de bonne foi; ou, s'il le devient, le contre-coup de l'alliance que vous contractez avec lui, en cimente à quelques lieues de là une plus dangereuse contre vous.

Passons à l'application de ces principes, aux circonstances actuelles.

Causes déterminantes de la guerre avec l'Espagne.

On ne peut contester que la France ne soit actuellement dans cet état qui annonce le besoin de la guerre. Il y a déjà sept ans que nous avons la paix, et ce terme ne laisse pas d'être long; ce n'est pas la vie d'un homme, mais c'est plus que la durée de la vie d'un soldat. Aussi, depuis long-temps, ne s'est-il pas présenté une seule occasion de querelle, que l'on n'ait trouvé quelqu'un disposé à la saisir. Dès le congrès d'Aix-la-Chapelle, des voix menaçantes se firent entendre, et elles n'auraient pas manqué d'échos; lors de l'invasion de l'Italie, on nous a proposé d'armer pour et contre les Italiens; aussitôt après l'insurrection grecque, tous les poëtes se sont empressés de sonner des fanfares guerrières; on a demandé la reconnaissance de l'indépendance des colonies espagnoles, ce qui pouvait bien nous mener à une rupture ouverte. Il n'est pas jusqu'à l'infiniment petite fraction des anciens colons de Saint-Domingue, qui ne rêve la nécessité de porter la guerre dans l'île d'Haïti; d'en exterminer les hommes libres; de les remplacer par des Africains importés par contrebande, afin de renouveler une belle population nègre, qui, dans cent ans, égorgerait les petits-fils des imprudens qui les auraient achetés, et qui, provisoirement, nous ferait payer le sucre trente pour cent au-dessus de sa valeur marchande.

Je vois dans tout cela, l'unanimité pour la guerre. Si quelques individus ne veulent pas qu'on la fasse avec telle ou telle puissance, il n'est personne qui ne veuille que nous la portions quelque part. Aucuns pencheraient en faveur du pays Néerlandois, disant que l'autorité royale d'un magistrat hollandais, n'est pas légitime; et qu'un peuple catholique ne doit pas permettre que ses frères obéissent à un prince protestant. Ceux-là pourraient, au besoin, s'étayer de l'autorité de M. de B....., qui a dit que la France ne serait tranquille que lorsqu'elle serait complète, ayant le Rhin pour limite. Je sais bien qu'on a prétendu que ce ne pouvait être l'idée de cet auteur, parce que ses paroles sont ordinairement inintelligibles; et que, lorsqu'on y trouve un sens facile, on doit en présumer un autre. Mais je m'en tiens à la lettre.

D'ailleurs, ne vit-on point cette unanimité de vœux? Il est impossible de méconnaître ces signes évidens de pléthore, avant-coureurs de la guerre. Depuis quatre ans seulement, notre population a augmenté de 474,196 individus; la culture est telle, que nonobstant ce supplément de consommateurs, les agriculteurs ne savent que faire de leurs grains; les substances animales sont à vil prix; on a été obligé de défendre l'introduction des bêtes à cornes, et les remplaçans ne coutent pas le quart de ce qu'ils valaient dans le bon temps; le vin est excellent et en abondance; la pomme de terre fournit de l'eau-de-vie; aussi, l'aisance est partout. Les salaires diminuent par la concurrence, sauf ceux des comédiens et de quelques sinécures. On trouve pour les plus vils emplois plus de sujets qu'on n'en demande; les mouchards même, sont en telle abondance, qu'on a vu sur les bancs de la Cour d'assises, l'un d'eux, qui avait pris le métier de voleur pour gagner honnêtement sa vie.

Nos finances sont dans l'état le plus florissant. Nous avons vu, dans l'hôtel de la rue Neuve-des-Petits-Champs, des ministres de toutes les couleurs, et chacun d'eux a, sinon diminué le budget, du moins amélioré sensiblement les méthodes d'administration. Aussi, notre crédit a tellement prospéré, que la rente a monté à 80 pour cent, au-dessus du prix qu'elle avait en 1815; et que si l'on n'y avait mis ordre, elle serait presque au pair. Pendant la session dernière, on a pu, en quelques séances, décréter une masse de canaux, égale à la moitié de ce qui existe.

Enfin, et c'est la cause la plus directe, ou le symptôme le plus grave, nous avons dans tous les grades de notre armée, une foule de jeunes gens, braves comme des Français, qui veulent, ce qui est bien naturel et ce à quoi ils ne manqueraient pas, payer, sur le champ de bataille, les épaulettes qu'on leur a données à crédit. Beaucoup d'autres de leurs devanciers, sont entrés dans la carrière, avec l'espérance fondée d'être en douze ans morts ou colonels, et ils appellent de tous leurs vœux le moment qui la rouvrira devant eux.

Comme il ne faut rien oublier, je ferai encore état d'une foule de gens, pleins de zèle et d'industrie, qui savent qu'à l'armée tout n'est pas honneur et danger ; qu'on peut y remplir sa poche sans exposer sa peau. J'ai vu, dans les dernières campagnes, plusieurs personnes, trop bien nées et trop bien pensantes pour servir l'usurpateur, et qui le desservaient de leur mieux, dans les boucheries, les boulangeries et les hôpitaux. Il en est tel qui n'a consenti à se charger de perdre une de nos frégates sur le cap Blanc, qu'après le retour de l'autorité légitime.

Dans une pareille situation, comment ne pas faire la guerre? Nous serions maîtres des quatre parties du monde, qu'avec de telles dispositions nous irions chercher des ennemis dans l'Australasie. Heureusement nous en avons qui sont plus à notre portée. Il ne reste plus qu'à savoir s'ils ont envie de nous prêter le collet; car je le répète, pour se battre, il faut être d'accord, et c'est pour cela qu'on employe avec le verbe *faire la guerre,* la préposition copulative *avec,* aussi bien que la préposition adversative *contre.*

Les Espagnols sont justement aujourd'hui dans la disposition qu'il nous faut; ce n'est pas précisément par pléthore; ils n'ont ni excès de population, ni excès d'argent. Mais ils sont en révolution, et la fièvre donne à un malade autant de forces, que de bons alimens en entretiennent dans un homme sain. Il y a d'ailleurs en Espagne, comme en France, des ambitions à satisfaire, et la meilleure preuve de la disposition de ses habitans à batailler, est que, ne sachant à qui s'en prendre, ils se battent entr'eux. Car, qu'on ne s'y trompe pas, les guerres civiles ne sont autre chose qu'un symptôme de besoin de guerroyer. C'est une métastase de l'humeur belligérante, lors qu'elle ne peut s'évacuer par les voies ordinaires.

Peu après le retour de Ferdinand, Mina, Porlier et Lacy, trouvèrent des partisans, et justement dans les mêmes lieux où recrute aujourd'hui l'armée de la Foi. Quiroga et Riégo eurent une petite armée ; et à peine le parti de la Constitution a-t-il triomphé, qu'il a rencontré des adversaires tous prêts à le combattre. Dans cette disposition des esprits, il n'est pas douteux que la guerre étrangère ne fût accueillie avec joie et reconnaissance. Quoique la guerre civile ait du bon, ne fut-ce que parce qu'elle est plus guerre que l'autre, néanmoins il est quelques personnes qui ne se livrent qu'avec répugnance à cet exercice, au lieu que contre nous, tout le monde sera d'accord, de même qu'on vit, en 1815, les Vendéens garder, de concert avec l'armée de la Loire, la ligne de démarcation.

La France et l'Espagne sont donc en ce moment comme deux maîtres d'armes qui, revenant de semestre, se rencontrent au cabaret. Ils ont l'un et l'autre envie de se rafraîchir d'un coup de sabre. Il est juste et naturel qu'ils se battent.

Des prétextes de la guerre avec l'Espagne.

J'ai déjà dit que les motifs externes d'une guerre étaient une chose illusoire. Il est en effet bien inutile de chercher des raisons pour des choses non raisonnables. Aussi je n'en parlerai pas. Quant aux prétextes, comme les seules puissances belligérantes sont jusques à présent la *Gazette*, le *Drapeau*, la *Quotidienne* et la *Foudre*, je prendrai dans les notes diplomatiques de leurs ministres accrédités à vingt-cinq francs par colonne, les bases de leur échaffaudage militaire ; car on ne peut nier que ces journaux n'expriment exactement l'opinion publique..... de leurs rédacteurs.

Le premier de ces prétextes est que la constitution d'Espagne est fondée sur la souveraineté du peuple, et par conséquent incompatible avec la légitimité.

On voit du premier coup-d'œil combien le prétexte doit être avidement accueilli; combien il est vague, arbitraire; comme il est habilement composé de mots dont l'acception n'est pas déterminée rigoureusement, de manière qu'à volonté, cette phrase peut avoir tous les sens possibles, ou n'avoir pas de sens du tout. On conçoit combien un prétexte pareil est précieux. Il est évidemment absurde et ridicule de faire la guerre à un principe abstrait, vu que les abstractions ne sont que des fantaisies de notre entendement; mais c'est par cette absurdité même que ce prétexte est admirable, parce que lorsqu'on n'attaque autre chose qu'une abstraction, on reste le maître de recevoir ou de combattre les conséquences, suivant le résultat de chaque bataille et le bulletin de chaque siége.

Que des épilogueurs disent. « Qu'il existe d'autres états où ce principe est reconnu, et qu'on ne leur cherche pas chicane là dessus; qu'ils prétendent que les mêmes cortès extraordinaires qui décrétèrent cette souveraineté furent reçues à bras ouverts dans l'alliance contre Napoléon », ce ne sont que des raisons; et ce n'est pas par des raisons que se conduisent les cabinets. *Mundus regitur parvâ sapientiâ*, disait le chancelier Oxenstiern. Tant vaudrait avoir un gouvernement constitutionnel, des chambres, des cortès, un storthing, un parlement, que d'être obligé de gouverner par la raison : comme l'a très-bien dit M de La Mennais, l'autorité est tout.

Sic volo, sic jubeo, sit pro *ratione* voluntas.

Voilà la devise de l'autorité, et le loup de fables de Phèdre l'avait dit depuis long-temps.

On peut encore répondre que les vérités politiques ne sont point de ces doctrines vagues qui embrassent tout et n'étreignent rien ; qu'elles sont circonscrites aux temps, aux lieux, aux personnes qui les emploient ; qu'il serait ridicule que ce qui est vrai aux bords de la Delaware fût vrai sur les rives du Manzanarès, et que ce qui est juste sur les bords du Sund ne peut pas l'être aux Dardanelles.

Ils insisteront peut-être et diront « que les dogmes de la souveraineté du peuple et de la légitimité ne sont pas inconciliables, dans le seul sens raisonnable qu'ils présentent. »

« Il est évident, diront-ils, que dans le sens absolu, un peuple n'est pas souverain plus qu'un prince ou qu'un charbonnier. Que ni un charbonnier, ni un prince, ni un peuple ne peut se donner son organisation physique, ses facultés intellectuelles, ses qualités morales, les circonstances antérieures qui l'ont instruit, celles qui le frappent actuellement; que par conséquent, prince, peuple et charbonnier seront toujours et partout, ce qu'a décrété le seul vrai souverain, la Providence.

» Que si en disant que le peuple est souverain, on veut dire que lorsque parmi les causes secondes dont Dieu fait usage, il emploie la volonté du peuple, nul autre pouvoir ne peut lui résister, on dira une vérité triviale et qui n'apprend rien.

» Si l'on entend que les mêmes circonstances extérieures, agissant à la fois sur tout un peuple, doivent donner à tous la même opinion sur les mêmes choses ; que cette opinion générale est telle que l'a voulu celui qui a disposé ces circonstances, on répétera le vieux proverbe : *vox populi, vox Dei.*

Au reste, M. de Ch....., dans son *Essai sur les Révolutions*, et non pas dans la première édition seulement, mais dans la seconde, reconnaît le principe de la souveraineté du peuple comme incontestable en théorie (1) : il ne le croit dangereux que dans la pratique. Or, dans la constitution d'Espagne, il n'est assurément qu'en théorie. Jamais peuple n'a été souverain quand il a eu quatre dégrés d'élection, etc., etc., et qui pis est, les hautes puissances belligérantes susnommées, affirment chaque jour que la majorité du peuple espagnol ne veut pas du Gouvernement : dèslors il est bien évident que la souveraineté du peuple n'est pas, suivant eux, pratiquée dans ce gouvernement-là.

» Tous les traités de paix commencent par ces mots : *Au nom de la Très-Sainte et Indivisible Trinité.* Mais on ne s'arrête pas à cette expression pieuse; on examine les articles, et l'on trouve souvent une injustice convenue *au nom de la Très-Sainte et Indivisible Trinité.*

» Tous les ordres du Sultan commencent par ces mots : *Au nom de Dieu, clément et miséricordieux*, et c'est au nom de ce Dieu

(1) Page 264, édit. de 1814.

de clémence, que Sa Hautesse fait couler le sang innocent à torrens. Il ne s'agit donc pas de quereller le principe; il faut en examiner les applications.

» Ils ajouteront encore que la légitimité, c'est-à-dire la fixité dans l'ordre de la succession, la continuité de la majesté royale, n'a été établie en Espagne légalement qu'en vertu de cette souveraineté du peuple.

» Les états de la couronne d'Aragon, et je crois aussi la Navarre, avaient pour droit primitif et jamais abrogé, le *Fuero juzgo* qui consacrait l'élection des rois. On n'exigeait point d'eux qu'ils fussent fils, frères ni cousins de rois. « Il suffisait qu'ils fussent de sang visigoth, de bonnes mœurs, et agréables aux évêques, aux grands et *à tout le peuple.* »

» L'élection fut fréquemment éludée par la précaution que prenaient les rois aragonais, comme l'avaient fait les Goths, de faire prêter serment de fidélité à leurs premiers nés. Aussi dans ce pays, n'existait pas la loi si salutaire que *le Roi ne meurt pas.* Les rois d'Aragon, mouraient comme des hommes, et leurs successeurs ne pouvaient prendre ce titre qu'après avoir prêté leur serment de fidélité. Il faillit en coûter cher à Alphonse III, pour avoir voulu se trop hâter, et il fut obligé de reconnaître le tort qu'il avait eu.

» En Castille, la loi du *Fuero juzgo* fut formellement abolie, vers le milieu du treizième siècle. Cependant la précaution constante jusques à Ferdinand VII inclusivement, de faire prêter serment par les cortès à l'héritier présomptif de la Couronne indique que le principe d'élection survivait aux lois positives. Une autre preuve en est la forme du couronnement des rois, qui n'étaient point sacrés, mais proclamés l'épée à la main dans une assemblée populaire, comme des empereurs romains ou des chefs de Sicambres. D'ailleurs la Castille elle-même ne laisse pas de présenter des irrégularités généalogiques dans la chronologie de ses rois, et si on nomme cela de la légitimité, il faudrait que le mot signifiât l'ordre de succession déterminé par la Providence et qu'elle révèle par l'événement à chaque vacance du trône (1). Ce qui n'est pas le sens vulgairement admis. »

(1) CATALOGNE. Sinofred, mort en 967, fut remplacé par Borrel, son cousin, au préjudice d'Oliba, comte de Besalu, son frère.

Il suivrait de ces données, suivant ces gens là, que ce qui est légal en Espagne, (ou du moins en Aragon, c'est l'élection ou la succession irrégulière, et que ce qui est révolutionnaire, nouvellement établi, c'est la légitimité.

Je conviens de tous ces faits, mais il est aisé de dissiper ces objections. Quand il s'ar

1077. Raymond-Tête-d'Étoupes est préféré à Bérenger, son frère aîné, parce qu'il a de meilleures qualités.

Aragon. 1102. Alphonse 1er hérite de son frère D. Pèdre, qui laissait un fils.

1327. Alphonse iv est élu à la place de son frère aîné, Jayme.

1395. D. Martin est nommé roi, quoique son frère laissât des filles.

1410. A sa mort, D. Ferdinand 1er est nommé roi par neuf électeurs, dont était S. Vincent-Ferrer, au préjudice du comte d'Urgel, descendant d'Alphonse iii, de mâle en mâle, au même degré que Ferdinand, par les femmes.

Castille. 1127. S. Ferdinand, fils de Bérengère, est nommé roi, au préjudice de S. Louis, roi de France, fils de Blanche, sœur aînée de Bérengère.

1284. Sanche iv, le Brave, fils de celui qui avait abrogé l'élection, est reconnu roi au préjudice des fils de son frère aîné.

1369. Pierre-le-Justicier laisse une fille et deux fils ; son frère bâtard lui succède.

git de guerre, on n'a pas le temps d'aller éplucher le sens des mots, et de réfléchir long-temps sur leurs différentes acceptions. Il n'en est pas des disputes publiques comme des règles de l'écarté ou de la bouillotte, qui sont trop importantes pour ne pas être prises à la rigueur. On veut faire la guerre : on choisit un mot, une phrase, une rose rouge ou blanche pour devise ; on en attribue une autre à l'adversaire ; par cela seul, les deux signes sont inconciliables. Les bannières ne sont pas différentes, parce que les dogmes sont opposés, mais les dogmes sont opposés parce que les bannières sont différentes. Là-dessus on tire des coups de fusil droit devant soi, et on pend comme espions ceux qui

1470. Henri IV avait une fille ; et, de son vivant, on donne d'abord à son frère Alphonse, ensuite à sa sœur Isabelle, l'administration et la succession de l'Etat.

1700. Charles II meurt sans enfans, et sa couronne passe, non pas au dauphin, son neveu, non pas au duc de Bourgogne, fils aîné de celui-ci, mais au duc d'Anjou, son second fils. Il fallait qu'il y eût là-dedans plus que des droits héréditaires, car assurément, dans les circonstances pareilles à celles où se trouvaient le père et le frère de Philippe V, une renonciation de mineur serait susceptible d'être querellée, s'il s'agissait d'un demi-arpent de terre.

veulent prouver qu'on ne sait pourquoi on les tire.

Et que serait le monde, juste ciel ! si l'on avait toujours examiné les choses avec cette rigueur ? ne sait-on pas que si l'on s'était toujours expliqué, nous n'aurions pas eu le quart des guerres de politique, et pas peut-être une seule guerre de religion ! et les lumières des philosophes encyclopédistes auraient-elles à ce point perverti l'Europe, qu'il fallut renoncer à la maxime chevaleresque de nos ancêtres de se battre d'abord, et de s'expliquer après ?

Ces objections elles-mêmes ne laissent pas cependant d'avoir un mérite intrinsèque et corroboratif de la bonté du prétexte dont j'ai parlé. Comme il faudra qu'un jour la guerre finisse, il est bien de la faire sous de telles enseignes, parce qu'il peut arriver des circonstances où l'on sera bien aise de trouver des raisons qui établissent, qu'en attaquant la souveraineté du peuple, c'était justement la constitution espagnole qu'on voulait défendre ; et qu'en prétendant que cette constitution nuirait à la légitimité, on s'était plaint seulement de ce qu'elle ne consacrait pas les droits du roi d'Espagne aux royaumes de Sardaigne, Chypre, Jérusalem, ainsi qu'aux comtés de Habsbourg, de Flandre et du Tyrol.

Le principe de la légitimité cède d'ailleurs, tout comme autre, quand il le faut, à la souveraineté des circonstances, et les gazettes nous ont déjà préparés à voir un prince privé de son droit de succession légitime, parce qu'on présume qu'il n'est pas assez dévoué à la légitimité.

Le second prétexte des hostilités des quatre hautes puissances journalistes, est la captivité du roi Ferdinand,

Il est tout au moins aussi bon que le premier, parce qu'il est évident que tant que nous ne pourrons pas voir de nos yeux qu'il est libre, c'est-à-dire tant qu'il ne sera pas de retour en France, nous pouvons affirmer qu'il est captif, soit d'un parti, soit d'un autre; soit de ses ministres, soit de ses gardes ou de ses flatteurs; et que d'une autre part les Espagnols ayant pour axiome que le roi ne peut être contraint, ce seul prétexte peut fournir à une guerre d'une durée très-raisonnable.

D'un autre côté, la liberté, nonobstant deux ou trois cens mètres cubiques de livres écrits à ce sujet, est demeurée une chose assez difficile à caractériser, et pour peu qu'on ait le désir de ne pas s'entendre à ce sujet, on est certain de ne pas y parvenir. On sait bien que c'est le pouvoir de faire ce qu'on veut, mais il faut encore que la volonté soit bornée à ce qui est raisonnable. Etre empêché lorsqu'on veut une chose impossible, n'est point cesser d'être libre. Si jamais Alexandre a sérieusement désiré qu'il existât d'autres mondes, pour les conquérir, les regrets qu'il ressentait ne prouvaient pas qu'il ne fut pas libre ; ils prouvaient qu'il était fou.

Outre les impossibilités physiques qui ne gênent pas la liberté, il existe des impossibilités morales qui ne doivent pas être censées la gêner davantage. Un sultan ne peut couper, chaque jour, la tête qu'à quatorze de ses sujets. La loi, ou la tradition, qui lui refuse le quinzième, ne gêne pas sa liberté ; c'est une impossibilité.

Plus les hommes ont de rapports, plus ces obstacles invincibles rétrécissent le cercle dans lequel leur liberté ne laisse pas d'exister pleine et entière. Un roi, par exemple, n'a pas, à cause de la légitimité, le pouvoir de déshériter son fils; aussi, Pierre-le-Grand et Philippe-le-Prudent, firent-ils tuer leurs héritiers présomptifs. C'était un moyen ingénieux d'éluder la difficulté; mais il s'ensuivait qu'ils étaient libres d'être parricides, ce qui est une liberté grande; mais qu'il y avait pour eux impossibilité de détrôner leurs enfans.

Les rois, en effet, sont, sous ce rapport, bien plus gênés que le commun de leurs sujets; précisément parce que beaucoup d'hommes dépendent d'eux, ils dépendent de beaucoup d'hommes. En vain la laisse est bien attachée au cou du chien, le maître ne peut le garder s'il n'en tient un bout dans sa main. Tout lien est réciproque; de cette dépendance mutuelle, naît la conséquence qu'on peut toujours affirmer que les rois sont libres, si on restreint l'exercice de la liberté dans les bornes du possible; et qu'ils ne le sont jamais, si l'on donne à ce mot son acception absolue.

Si l'on dit que le roi d'Espagne n'est pas libre, parce qu'il a fait en 1819, autre chose que ce qu'il a fait en 1814, on peut répondre que par cela même, qu'il a changé d'opinion, il a prouvé encore mieux son indépendance.

Nous dirons qu'il n'est pas libre, comme roi, puisqu'il ne peut se marier, sortir de l'Espagne, etc., sans le consentement des cortès, et que cependant marcher et se marier sont deux choses qui demandent le libre arbitre, à telles enseignes que le mot grec, qui veut dire liberté, *Eleutheria*, indique la marche, le transport d'un lieu à un autre.

En réponse, on alléguera que Ferdinand est dans le plein exercice de son pouvoir royal ; qu'il nomme et destitue des ministres, sanctionne ou refuse de sanctionner ; qu'il serait même plus libre que le roi de France, s'il était vrai, comme de plats et lâches journaux ont osé l'insinuer, que celui-ci eût eu besoin de demander à d'autres souverains l'autorisation de faire la guerre. Cette autorisation est, pour Louis XVIII, dans la Charte, comme elle est, pour Ferdinand VII, dans la Constitution. La Charte a plus d'autorité pour nous que les traités de la Sainte-Alliance, et, comme elle a plus de sagesse, elle aura aussi plus de durée.

A l'objection que le roi d'Espagne est à Madrid, entouré d'une populace bruyante, on peut répondre qu'il se présente des occasions où les violences d'une telle populace n'empêchent pas la liberté d'un roi. Lorsqu'en 1808, au passage de ce monarque, pour aller à Bayonne, les habitans de Vittoria voulaient l'arrêter, et coupèrent les traits des chevaux de sa voiture, ils attentèrent à sa liberté, et cependant il n'est pas évident que s'ils avaient réussi, il eût été moins libre en Espagne qu'à Valençay.

On dira que si le pouvoir royal est exercé librement, c'est par des ministres qui ne sont pas librement choisis; et l'on répondra que de tout temps, dans tous les pays, des rois ont été forcés de renvoyer des ministres qui leur étaient agréables, d'en recevoir qu'ils ne pouvaient souffrir; et cela est si général, non-seulement dans les gouvernemens constitutionnels, mais encore chez les souverains absolus, que c'est une de ces nécessités du trône, étrangère à la question de la liberté des monarques. Le Parlement de Paris força Mazarin à quitter la France ; le grand père de Ferdinand VII fut obligé, par le peuple de Madrid, à renvoyer son premier ministre Esquilache. Il ne s'est passé que quelques semaines depuis que Sa Hautesse a fait égorger son compagnon d'enfance, Halet-Effendi ; et l'on m'a conté, que dans un état limitrophe de la Perse, je ne sais si c'est la Boukarie ou le Candahar, un sultan a été contraint, il y a quelques années, de conserver pendant long-temps au ministère, des scélérats qui avaient tué son père ; ce qui devait être fâcheux pour sa piété filiale, mais ce qui n'a pas fait remuer un caporal dans toute l'Asie.

Passons au troisième prétexte. Il faut comprimer ou réprimer l'influence de l'esprit révolutionnaire.

Nous retrouvons ici les mêmes caractères de perfection, et ce prétexte est aussi vague, aussi romantique, aussi indéterminable que les autres.

D'abord le mot esprit révolutionnaire, est une de ces expressions, sur lesquelles on ne s'entend jamais que lorsqu'on est d'accord

sur bien d'autres choses ; elle est donc justement ce qu'il faut pour un manifeste.

Il est au moins douteux que la guerre ré-
prime cet esprit ; elle l'exalte au contraire:
nous le savons par expérience. Il est donc
héureux de trouver un prétexte, tel que plus
on bataillera pour lui, plus on devra batailler ; c'est le moyen de n'en pas finir.

Quant au fonds, les pacifiques pourraient
dire que le feu ne prend pas au bois mouillé,
parce que l'eau l'éteint, et qu'il ne prend pas
aux cendres, parce qu'elles sont déjà brûlées.
Que l'insurrection du Piémont pouvait être
dangereuse pour un pays qui se rappelle encore d'avoir été le royaume d'Italie , mais
que les gouvernemens constitutionnels qui
sont les plus voisins de l'Espagne, n'ont rien
à redouter de la contagion. Les uns sont pas-
sablement marqués des cicatrices de l'éruption révolutionnaire; les autres ont eu la révolution par inoculation ; mais tous sont à
l'abri. Quant aux *Mougicks* et aux *Fellahs*,
on traduirait les constitutions espagnole et
portugaise dans leurs langues , qu'ils ne
s'en remueraient pas d'avantage; ce n'est pas

assez que le mot de liberté soit dans l'idiome de l'oreille, s'il n'est pas dans celui du cœur.

Ils pourraient encore dire, ces politiques mal-intentionnés, qui veulent condamner la France à rester dans cet état d'apathie et de prospérité, qu'il est douteux que le venin des révolutions soit contagieux; qu'il est beaucoup de savans qui prétendent que les insurrections et la fièvre jaune ont leur principe dans la disposition intérieure de ceux qui en sont attaqués. Ils disent avec M. de Ch., dans l'ouvrage que j'ai déjà cité, « que ce n'est ni tel livre, ni tel homme qui fait une révolution ; que ce sont les choses », et que nous ne sommes point les maîtres des choses. Que « malgré tous nos efforts pour pénétrer dans les causes des troubles des états, on sent quelque chose qui échappe, un je ne sais quoi caché je ne sais où, et que ce je ne sais quoi est la cause efficiente des révolutions », et ils soutiendraient que c'est agir je ne sais comment, que d'envoyer des armées je ne sais où, pour détruire je ne sais quoi. En dernière analyse, les révolutions ne peuvent s'expliquer que par le *Magnificat. Il a déposé les puissans de leurs trônes, et a élevé les gens de bas étage.* Et observez que *Il*, dont parle le Saint-Esprit, n'est ni un peuple, ni un homme, ni un principe, que c'est Dieu ; que lui seul, comme l'a si bien prouvé M. de Maistre, établit l'autorité des princes, l'étend, l'affermit, et que par conséquent, ce que M. de Maistre a oublié de dire, lui seul peut la détruire, la modifier ou l'ébranler.

Cette objection paraît forte ; mais, après tout, si c'est la Providence qui a fait la révolution d'Espagne, c'est elle aussi qui a mis, aux mains des hauts journalistes belligérans, les armes acérées avec lesquelles ils ont taillé les plumes redoutables qui attaquent la révolution. C'est donc à la Providence qu'il faut s'en remettre pour savoir qui a raison, du sabre de Mina où du canif de M. l'abbé de la M......; et le jugement de Dieu, c'est le combat, comme disaient nos pères.

Je pense donc que ce prétexte doit être admis comme bon, et soutiendrai au besoin, qu'il est extrêmement conséquent, pour empêcher l'effet du contact révolutionnaire, de faire la guerre, qui multipliera les points de contact ; et que précisément parce qu'il est dangereux que cet esprit ne passe de l'Espagne dans la France, il est bon de commencer au plutôt une suite d'opérations dont les événemens, étant toujours chanceux, peuvent amener dans un département de la frontière, ne fut-ce que pour quelques jours, les hommes animés de cet esprit.

Nous avons donc la prédisposition pour la guerre; nous sommes nantis de bons prétextes pour la commencer et la finir à notre gré; il ne s'agit plus que de constater le droit d'intervention. C'est la seule chimère des politiques qui reste à dissiper. Or, soit par la théorie, soit par les faits, ce qui est plus sûr, ce droit apparaît entouré d'une si vive lumière, qu'il frappe tous les yeux qui ne sont point aveuglés par les préjugés.

En théorie, il est impossible de nier que les droits des sociétés, comme ceux des hommes, ne dérivent de leurs facultés; que ces facultés ne soient disposées, par la Providence, selon leurs besoins; que ces besoins ne soient indiqués par des inclinations; que les inclinations générales d'un peuple, ses besoins, ses facultés, ne soient le résultat des inclinations particulières de ceux qui le composent.

Cela posé, personne ne peut nier non plus que tous les hommes, toutes les femmes, et surtout les vieilles filles, n'aient un goût très-vif et souvent une passion violente pour se mêler des affaires d'autrui. Ce goût tient à la sociabilité et en est le principal ressort. A quoi tend le plus noble sentiment de l'espèce humaine, la pitié? A intervenir dans les affaires de son prochain pour le secourir. A quoi tend l'esprit de domination, non moins naturel? A intervenir dans les travaux du prochain pour s'en approprier le fruit.

Si ce goût est essentiel à l'homme, il est l'indice d'un besoin qu'il doit satisfaire; et s'il est essentiel à tous les membres du corps politique, cet individu collectif doit aussi ressentir ce besoin, et le satisfaire aussi.

Aussi, en fait, voyons-nous, dès les temps reculés, l'intervention en honneur: suspendue par le déluge, Nembrod lui donna une nouvelle vogue, et Abraham intervint dans la dispute entre les rois de Sennar et ceux de la vallée d'Asphalte.

Depuis, nous voyons les Perses intervenir dans les querelles des Grecs, et Xercès se faire battre pour rétablir Hippias dans Athènes. Les Grecs, à leur tour, intervinrent dans les affaires des Perses; les Carthaginois dans celles des Siciliens; les Romains dans celles de tout le monde connu, jusqu'à ce que les barbares ayant intervenu dans celles de leurs empereurs, les détrônèrent et se mirent à leur place.

Que d'interventions depuis lors! Les Allemands se mêlent des affaires de l'Italie, et si bien, qu'ils inspirent à Pétrarque sa belle ode pour qu'on les chasse de ce pays. Les rois de France entrent dans les querelles des Anglais avec leurs rois, et ceux-ci, par reconnaissance interviennent dans les querelles de famille du roi de France; les Musulmans prennent part dans la querelle du comte Julien et du roi Rodrigue : les papes sont des interventeurs universels. La France s'occupe des querelles religieuses de l'Allemagne; l'Espagne de celles de la France. Cortès intervient pour Charles-Quint entre l'empire de Mexico et la république de Tlascala, et soumet l'un et l'autre. Une compagnie de marchands anglais asservit l'Indoustan par le même moyen. Les prédécesseurs de la Sainte-Alliance font payer à la Pologne de toute son existence, leur puissante intervention, et Catherine II, après avoir intervenu d'une manière très-efficace dans la santé de son époux, Pierre III, tourne son attention vers le midi de son empire, et s'occupe avec tant de zèle des affaires des Guéraïs et des Tartares du Volga, qu'elle les chasse, et trouve le moyen de fonder deux villes et une soixantaine de bourgs bien peuplés dans de vastes déserts où l'on comptait à peine auparavant douze cent mille Tartares. Aussi le bled y est-il à bon marché.

Ainsi, quoi qu'en disent les gobe-mouches qui croient que la justice est un des élémens nécessaires à la guerre, et les lâches qui prétendent qu'un roi de France a besoin d'une autorisation étrangère pour intervenir où et quand il lui plaît, le droit d'intervention est consacré par les principes et les faits, et ce qui le constate encore mieux, c'est que personne ne doute de l'existence du droit corrélatif à celui-là, du droit de repousser l'intervention lorsqu'on est assez fort pour le faire.

Mais il faut songer que cette expression se prenant en bonne part, on ne doit pas s'en servir d'une manière bannale. Ainsi la Prusse, l'Autriche, la Russie, peuvent se mêler de la constitution d'Espagne et de la traite des nègres, avec d'autant plus de droit qu'elles ont précisément autant d'intérêt à l'une qu'à l'autre. Mais si un souverain tout-à-fait européen, s'avisait de dire à un souverain demi-asiatique : « Vos deux prédécesseurs sont passés de vie à trépas par suite des violences exercées sur leurs gracieuses majestés par leurs fidèles sujets. J'ai un fils en âge de gouverner, et je n'ai pas la moindre envie que les grands de ma cour suivent l'exemple de ceux de la vôtre ; en conséquence je vous requiers de modifier un peu votre pouvoir absolu, qui n'est après tout que l'ochlocratie éventuelle de ceux qui peuvent vous étrangler au premier jour. Je vous requiers d'établir des institutions, qui empêchant le Gouvernement d'être bouleversé à la mort du monarque, rendent inutiles les tentatives criminelles qu'on ferait contre ses jours. Vous voyez que c'est pour votre bien ; mais hatez-vous, ou si non j'interviens à main armée, comme Gélon, pour empêcher les Carthaginois de brûler leurs enfans. » Une telle intervention serait séditieuse, libérale, ce serait une violation du droit des gens.

On doit employer toujours des mots différens pour exprimer les mêmes choses, lorsqu'il s'agit de personnes différentes. Au temps de la ligue, les Espagnols appelaient un monstre, Poltrot, qui avait assassiné le duc de Guise, et un héros, Jacques Clément, qui avait assassiné Henri III.

Les prétextes de Bonaparte pour faire la guerre à l'Espagne étaient, 1° l'impossibilité de la co-existence du gouvernement impérial avec le règne des diverses branches de la maison de Bourbon ; 2° le défaut de liberté de Charles IV lors de l'émeute d'Aranjuez et sa remarquable indépendance, lorsqu'il fut à Bayonne. On voit que ce sont textuellement les mêmes prétextes que nous avons à présent, et qui justifient parfaitement la guerre. Mais on se tromperait étrangement, si l'on s'avisait d'en conclure que l'attaque de Napoléon fût une intervention louable. C'était une invasion, une usurpation, une désolation, une abomination, d'autant plus qu'il voulait

supprimer l'Inquisition, ce qui ne peut mé-
riter aucune approbation. On ne doit oublier
jamais que tout ce qui est fait pour la vertu,
la vérité, la justice, est louable, parce que,
qui veut la fin veut les moyens; et que, pour
chaque individu doué de raison, ou ayant des
prétentions à icelle, la justice, la vérité, la
vertu, c'est ce qui est conforme à son opinion;
que ce qui est blâmable, le crime, la fraude,
l'injustice, c'est ce que croyent ses adversaires.

Cette distinction est très-importante, et doit
surtout être toujours présente à ceux qui
écrivent l'histoire; sans cela ils déshonore-
raient leur pays en se déshonorant eux-mêmes, et seraient justement flétris par la posté-
rité, de l'odieuse note d'écrivains impartiaux.

Di melioria piis erroremque hostibus illum !

Des résultats de la guerre avec l'Espagne.

J'ai déjà énuméré les résultats avantageux,
positifs et indubitables de toute expédition
militaire: il ne me reste qu'à établir que celle
d'Espagne est encore là-dessus plus avantageuse qu'aucune autre.

En effet, la péninsule et ses habitans, sem-
blent faits exprès pour la petite guerre; aussi
peut-on espérer d'y trouver tous les genres
de gloire en détail, ce qui les met à la portée
de beaucoup plus de chalands. Dans les vastes
plaines des Pays-Bas, de la Pologne, de la
Lombardie, on donne trois ou quatre batailles en un an; il n'y a pas là de quoi faire
à vingt-cinq personnes un trousseau de répu-
tation un peu considérable. En Espagne, au
contraire, on peut, à chaque pas, livrer un
petit combat, soutenir un petit siége, et il
n'est pas un petit officier qui, dans le courant
d'une campagne, ne puisse être appelé à
commander en chef son petit détachement,
à défendre l'honneur du pavillon, à se battre
pour son compte, et ne parvint-il pas à l'honneur d'être cité dans les gazettes faute de protections, on ne pourrait lui refuser l'avantage
d'être immortel, sa vie durant, dans le cercle
resserré de ses voisins ébahis au récit de son
beau fait d'armes.

Il est vrai que sous ce rapport, nos adversaires seront tout aussi bien partagés que
nous. Mais on ne doit pas leur en vouloir, et
il faut bien leur permettre de partager les

agrémens de la guerre, sans quoi ils ne voudraient pas la faire. Ne leur envions pas leur portion de gloire; il y en aura pour tout le monde, d'autant plus que le français et l'Espagnol ont des qualités militaires assez différentes, pour que chacun puisse, sans faire tort à l'autre, recueillir d'amples moissons de lauriers, depuis les vallées de l'Ebre, jusques à celles du Bétis.

Soldat comme bourgeois, le français a le goût et parfois la manie de l'organisation et de la règle. Il n'est pas une société de vingt personnes qui ne se donne des fonctionnaires comme une réunion de mille. Vingt fois le gouvernement a tenté de former des troupes légères, et malgré tous les soins, dragons, chasseurs, hussards ont fini par savoir charger en ligne comme les cuirassiers. Un français ne se croirait pas soldat, s'il n'avait un uniforme; s'il ne mangeait à l'ordinaire; et un cosaque ne serait pas cosaque, s'il ne s'armait, ne s'habillait, ne fesait sa soupe à sa fantaisie.

L'Espagnol, comme celui-ci, aime singulièrement à marcher pour son compte. Ce ne fût que par des choix faits sur une immense quantité de soldats (alors presque toute la population de l'Espagne était exercée aux armes), que Charles-Quint parvint à composer ses fameuses bandes espagnoles, peu nombreuses relativement aux corps que l'on arme à présent, et qui, après avoir été la meilleure infanterie de ce temps, finirent à Rocroy, sans que ce fruit exotique ait pu, depuis, repousser en Espagne.

Le courage d'attaque du soldat français est irrésistible; son impétuosité surmonte tous les obstacles : quelque soit le but qu'on lui présente il y parvient; et, suivant l'expression si juste et si gaie d'un de nos plus braves officiers à l'assaut de la Grenade, pourvu qu'il y ait des coups de fusil à gagner, il n'est point de montagne si escarpée qu'il ne gravisse avec facilité; voilà le beau côté : mais si ce soldat est mal dirigé, s'il éprouve un échec, il perd toute sa confiance : s'il est séparé de ses camarades, il hésite, il tâtonne, il perd la tête; s'il se met dans le cerveau que ses officiers sont incapables, il sent diminuer son ardeur; enfin, s'il éprouve des revers un peu considérables ou un peu longs, il se démoralise pour me conformer à l'euphémisme néologique, reçu pour dire qu'il se décourage.

L'espagnol ne va pas aussi franchement à l'attaque, et ne la soutient pas aussi bien; et, hors qu'il n'ait quelque avantage remarquable de position, il ne résistera jamais à nos troupes, en nombre égal, ou peu supérieur. Tout ce que put faire Vénégas à la bataille d'Almonacid, qui lui fit beaucoup d'honneur, fut de tenir cinq heures contre une armée inférieure de moitié à la sienne. En revanche, le Castillan ne se décourage jamais; s'il croit une bataille perdue il ne se fera pas tuer pour la disputer, il cherchera à conserver sa vie; mais sera prêt à l'exposer dans une seconde affaire. Les retraites précipitées ne l'humilient pas, les revers multipliés ne peuvent l'abattre : battu vingt fois, il reparaîtra au combat la vingt-unième, le front levé, sans plus d'impétuosité, mais avec autant de sang-froid et d'assurance qu'à la première.

Aussi dans les feuilles de contrôle des troupes espagnoles, trouve-t-on une colonne de plus que dans les états français; ils forment une classe des *dispersos*, dispersés : d'autres

les appelleraient fugitifs; mais il est des occasions où la fuite a aussi son courage; et
ces masses peu compactes, qu'on traverse,
mais qu'on n'écrase pas, qu'on écarte, mais
qu'on retrouve, qu'il est aisé de dissiper,
mais impossible de détruire, ne laissent-
pas que d'être à la longue plus incommo-
des et plus dangereuses que d'autres ennemis; ce sont les moustiques du même
pays, qui s'éloignent dès qu'on agite la main,
mais qui reviennent à la charge, et finissent,
malgré tous les soins, par vous couvrir tout
entier de leurs atteintes microscopiques.

Cette qualité tient-elle au climat, ou est-
elle un vieux reste de la fatalité reçue par les
mores? je l'ignore. Toujours est-il qu'un général espagnol, battu à fond en Biscaye, aux
sources de l'Ebre, donna rendez-vous à son
armée à quarante lieues de là, à Valladolid,
et que cinq ou six jours après, il y retrouva
ses vingt-mille hommes qui y étaient arrivés
par mille chemins différens.

Il est cependant une circonstance, où,
peut-être par une suite du même principe,
ils se conduisent tout différemment: lorsqu'ils n'ont plus de retraite, qu'ils sont cer-

nés dans une place, ils se défendent comme des sangliers dans leur fort, et ne se rendent qu'à la dernière extrémité. On connaît l'histoire des siéges de Saragosse, de Girone, d'Ostalrich, de Ciudad - Rodrigo, de Tarragone, de Tortose dans la dernière guerre ; de celui de Roses dans les premières campagnes de la révolution ; de ceux de Xativa et de Barcelone, dans la guerre de la succession : dans ce dernier, l'épaisseur du rempart fut disputée pendant trois semaines. Dans les siècles anciens, Sagonte, Numance, Calahorra avaient déjà montré comment on soutenait les siéges dans la presqu'île, Ibérienne.

Ainsi, comme la stratégique, la poliorcétique offre en Espagne de la gloire des deux côtés, car c'est la beauté, c'est-à-dire l'obstination de la défense qui fait le mérite de l'attaque.

Ce que cette gloire aura de plus précieux pour les deux parties belligérantes, c'est qu'elle ne sera point partagée : nous combattrons tête-à-ête. Nous n'avons pas besoin de mendier des auxiliaires, et les Ibériens ne verront pas les Anglais, après leur avoir fait surpayer dix fois leurs services, s'attribuer encore la gloire du résultat.

Beaucoup de personnes ont cru, et à ne lire que les gazettes ou les compilations de MM. S. et de B., c'était aisé à croire, que les armées britanniques seules, avaient forcé la nôtre à quitter la péninsule. D'abord, elle n'en sortit que par le contre-coup des évènemens de la Russie et de l'Allemagne, ensuite si la population de l'Espagne et du Portugal fut restée neutre, le tiers de nos forces eût suffi pour faire déployer à tous les insulaires, jusques au dernier, ce courage maritime national que montra l'armée de sir John Moore à la Corogne, lorsqu'elle s'embarqua au milieu d'une horrible tempête, et affronta avec une remarquable énergie, la fureur des flots, pour échapper à l'armée française. Au contraire, les seules forces des Espagnes eussent suffi à la longue, sinon pour vaincre nos armées, au moins pour les détruire, ce qui est très-différent pour l'honneur et très-semblable pour l'utilité.

Les premières armées espagnoles étaient composées des anciennes troupes de ligne, commandées par d'anciens généraux, avec une hiérarchie entière d'officiers , pour la plupart nés sous les drapeaux, et qui, précisément parce qu'ils ne savaient que leur métier, n'étaient pas très en état de le bien faire : ces armées furent battues. Après quelque temps, il se forma de tous côtés des partis (*guerrillas* en espagnol), d'abord de cinquante, soixante hommes, et qui s'augmentèrent peu-à-peu. Lorsqu'une de ces bandes était rencontrée par un corps français un peu considérable, le chef était battu et perdait sa considération, qui seule lui donnait droit à l'obéissance de ses camarades, ou bien il se fesait tuer. Dans les deux cas, ses soldats, qu'aucun lien ne retenait plus, allaient se joindre à un autre partisan. D'année en année, le nombre de ces corps diminuait, et la force de chacun devenait plus considérable. A l'époque où commença la retraite de l'armée française, Baillesteros, Mina, Morillo, l'Empecinado, avaient chacun de dix à quatre mille soldats. Si la guerre eût continué, les bandes de Longa, du Curé, du Medico, de l'Abuelo, et cent autres, se seraient fondues dans celles-là ; il aurait fallu que les troupes réglées se réunissent à elles, et,

par une puissance d'aggrégation instinctive,
toutes les forces espagnoles se seraient trou-
vées réunies en armées, formées de partisans
aguerris, dirigées par des officiers de leur
choix, pris dans toutes les classes de la société, et portant, dans l'état militaire une
masse d'idées, plus étendue et plus variée
que celle des vieux *troupiers;* ces armées
aura'ent été commandées par des généraux
habiles, qui n'auraient dû leurs grades qu'à
leurs talens; dès-lors les Français et les Espagnols auraient combattus à armes égales,
mais dès-lors aussi, la supériorité des derniers devait croître de jour en jour, parce
qu'il leur était plus aisé qu'à leurs adversaires de se nourrir, de se remonter, et surtout
de se recruter. D'après la marche irrésistible
des choses, cinq ans ne pouvaient guères se
passer sans présenter ce résultat. Quelques
années de plus auraient vu renaître les bandes de Charles-Quint; ainsi, sans l'aide des
Anglais, sans l'hiver de la Russie, sans l'in-
constance de l'Autriche, de la Bavière et des
Saxons (il faut être poli), par la seule force
des circonstances, l'Espagne se serait trou-
vée, avant 1822 , au même point où une

réunion d'évènemens étrangers à son sol, la conduisit dès 1814.

Il existe dans les nations, comme dans les individus, une force vitale qui produit spontanément les effets nécessaires à leur conservation; un soldat est atteint par une balle qui se loge entre ses muscles. Le corps étranger y détermine une inflammation qui désorganise les parties voisines, de manière à ouvrir le passage à l'hôte incommode qui était venu se placer où il n'avait que faire. C'est par la même puissance, que toutes les nations qui ont assez de cette énergie vitale, (car les phénomènes de la suppuration ne se présentent pas chez les cadavres, ni celui de l'expulsion des étrangers chez les Napolitains), c'est, dis-je, par la même puissance, qu'une armée étrangère irrite les habitans du pays par les vexations qu'elle ne peut s'empêcher de leur faire subir, et que de cette irritation naît une suite d'évènemens militaires dont la résolution souvent très-tardive, est que chacun doit rester chez soi.

Quant à nous, on nous promet des auxiliaires indigènes, mais c'est une mauvaise plaisanterie; si nous les avions, ce seraient les meilleurs et les seuls bons, mais il est impossible que la manière dont la question est posée nous les procure. Sans doute il n'est pas difficile de faire battre des Espagnols entr'eux. Castillans, Arragonais, Navarrois, Andalous, l'histoire d'Espagne est remplie du récit de leurs guerres séculaires. Encore à l'époque de la mort de Charles II, il exista une guerre civile, mais il faut songer qu'elle était de royaume à royaume. Ce n'était point seulement comme Espagnols et partisans de Charles d'Autriche et de Philippe de France, que les combattans se mesuraient. C'etaient des sujets de la couronne d'Arragon, qui, pour défendre leurs droits constitutionnels, ne se croyant point engagés par un testament, voulaient se choisir un monarque et se battaient contre les sujets de la couronne de Castille. La paix fit bien voir ce qu'avait été la guerre, puisqu'elle finit par la destruction (légale ou non) de la constitution arragonaise.

Maintenant ce n'est plus cela : à Barcelone comme à Madrid, à Sarragosse comme à Séville il existe deux partis. Il est impossible de les rattacher aux anciennes idées de limites, d'autant plus qu'il n'est rien au monde de plus antipathique que les doctrines politiques pour lesquelles se battent les soldats de la régence ci-devant d'Urgel, et les maximes de gouvernement sur lesquelles les habitans du même pays fondaient leur répugnance à se soumettre à la législation de la Castille.

Lorsque nous entrerons en Espagne, les soldats de la Foi nous suivront avec empressement ; ils crieront *viva Francia*, aussi sincèrement que les vingt-deux mille prisonniers faits à Ocagna criaient *viva José* ; mais il ne se passera pas six semaines que tous les simples soldats, et peut-être même quelques officiers n'aient pris parti contre nous : des soixante ou quatre-vingts mille Espagnols enrégimentés sous les bannières de Joseph, trois cents à peine le suivirent jusqu'à la frontière.

Les Espagnols se font la guerre entr'eux. Ils en éprouvent le besoin, rien n'est plus naturel. Mais ils ne sont pas plus exaltés que n'étaient les Chrétiens contre les Mores, et lorsque Charlemagne voulut intervenir dans les affaires qui se passaient au-delà des Pyrénées, non-seulement les Chrétiens et les Mores de l'Ibérie, mais les gascons se réunirent contre son armée, et l'on sait ce qui arriva dans la fraîche et riante vallée de Roncevaux.

En 1793, il vint en France une armée d'Espagnols qui voulait faire sa part de la guerre d'intervention, pour des motifs pareils à ceux qu'on allégue aujourd'hui contr'eux, et bien plus puissans encore. Les Roussillonnais étaient divisés en deux parties. Les ennemis du gouvernement d'alors reçurent fort bien les Espagnols à Saint-Laurent, Arles, Céret, mais pas un ne se battit pour eux, et ceux qui les avaient les premiers salués à leur arrivée par leurs acclamations, ne furent pas les derniers à les saluer dans leur retraite à coups de fusil. On a fait un reproche aux coalisés de 1793, de n'avoir pas donné des secours à la Vendée, je suis intimement persuadé que l'absence des étrangers fut la seule cause de la durée de cette guerre si glorieuse et si désastreuse pour la France.

Du temps immémorial, depuis Charlemagne peut-être, qu'elles qu'aient été les relations des gouvernemens, les habitans de la péninsule n'ont eu que de l'aversion, et, il faut l'avouer, du mépris pour les *gavaches*: c'est pour les Français qu'ils ont inventé ce nom. Nous passons en Espagne pour des incrédules, des hérétiques, des mendians : les préjugés de la populace anglaise contre nous, ne sont ni plus ridicules ni plus enracinés. Depuis trente ans, si plus de relations ont un peu modifié leurs idées, elles ne nous sont pas devenues beaucoup plus favorables. Nos émigrés leur ont paru présomptueux, et même lorsqu'ils les voyaient verser leur sang pour l'Espagne, ils ne se fiaient qu'à regret à leur loyauté. Nos ecclésiastiques, à cause de leur vie plus régulière, de leur morale plus sévère que celle du clergé espagnol, passaient pour des hypocrites : les manufacturiers qui ont cherché à s'y établir, et qui obtenaient des protections du gouvernement, étaient pris pour des intrigans et des accapareurs ; pour nos soldats........ j'en étais, et je suis trop modeste pour répéter les complimens que l'on m'a faits.

Non-seulement il est extravagant de compter sur la coopération à nos vues d'une partie notable de la population espagnole, mais encore s'il existait un moyen de surmonter la haine que beaucoup d'Espagnols ont pour les institutions nouvelles, ce serait d'employer des baïonnettes étrangères pour les attaquer. Si on tenait beaucoup à détruire leur popularité, au contraire, on n'aurait qu'à envoyer des troupes pour les défendre. Le *Zurriago* n'y tiendrait pas et prêcherait le gouvernement absolu, si une armée française soutenait la constitution. Si les Castillans n'avaient voulu dans le temps de la dernière invasion, que des institutions libérales, Joseph était prêt à leur en donner autant qu'ils en auraient désiré. Il avait supprimé les couvens, rendu libres les majorats, aboli l'inquisition; il eût accepté la constitution des cortès extraordinaires, et dix autres encore, si on eût daigné les lui présenter. Mais les Espagnols ne voulaient pas du bien qui leur était fait par une main étrangère : il fallait qu'ils fissent leurs lois, et qu'ils les fissent au nom de Ferdinand. Ils ont soutenu une guerre ruineuse et sanglante, et ce n'a pas été sans gloire ni sans succès, uniquement pour ne pas devoir à autrui ce qu'ils pouvaient faire eux-mêmes. Telle était leur manière de voir; et l'on sait que dans l'immense variété des caractères humains, Dieu ne créa jamais de peuple plus entêté que l'Espagnol.

Je sais qu'un officier général qui doit connaître l'esprit de ses compatriotes , a écrit dans les journaux belligérans une lettre d'où il semble qu'on pourrait conclure le contraire ; mais on n'a pas saisi l'ingénieux artifice de cette épître très-spirituelle. Le général assure que nous serons bien reçus en Espagne. C'est une adroite ironie qu'il explique aussitôt après , en citant l'exemple des anglais auxiliaires dans les dernières campagnes. Comment les anglais ont été reçus par le peuple des provinces qu'ils ont parcourues , c'est ce qu'il faut demander aux trainards qu'ils laissaient dans leurs retraites ; c'est-à-dire à ceux qui ont pu rejoindre leurs corps , car le plus grand nombre n'est plus en état de répondre.

Au demeurant, les anglais n'étaient pas en reste ; ils pillaient les villes espagnoles qu'ils prenaient sur les français ; les habitans de Badajoz en savent quelque chose ; et la jolie petite ville de Saint-Sébastien , fut entièrement brûlée par les soldats de S. M. Britan-

nique , deux jours après que les français eurent fini de l'évacuer.

En effet , le soldat , même concitoyen , est
en temps de guerre, un hôte fort incommode,
et s'il est étranger , il est bien près d'être ennemi. Cette cause n'a pas médiocrement in-
flué sur l'insurrection de l'Allemagne en
1803.

Compter sur l'iufluence et l'irritation du
clergé et de la noblesse , c'est ce qui ne peut
entrer que dans la tête de ceux qui croient ,
comme Arlequin , que tout le monde est fait
comme leur paroisse. Le clergé espagnol se
compose de trois classes : la première formée
des prêtres séculiers , a en général embrassé
le système de la révolution , soit par amour-
propre d'instruction , soit par haine pour
ceux qui forment la troisième ; dans la seconde sont les religieux rentés (*monges*)
qui n'ont pas beaucoup à se louer du chan-
gement de système , mais qui sont neutres
par leurs habitudes physiques et morales. Ils
sont riches et par conséquent pacifiques.
« Ce sont ces maigres et ces hâves, que je
crains, » disait César. Les moines mendians,
(*Fraytes*) que renferme la troisième classe,

ne sont pas tous maigres et hâves; mais en général, ils sont turbulens et ennemis de la constitution, parce qu'elle existe. Il est dommage que leur crédit et leur nombre aient singulièrement diminué depuis vingt ans. Ils sont robustes, ignorans, fanatiques et auraient pu nous être très-utiles.

Pour la noblesse espagnole, c'est à-peu-près le peuple espagnol. Elle n'est une légère distinction réelle, que dans le Bas-Aragon, Valence, Murcie, et la Catalogne. Dans la Nouvelle-Castille, l'Estrémadoure, [l'Andalousie, la classe qui correspond à celle qui, en France, se fait appeler monsieur, est toute composée de nobles; ils forment la majorité de la population, dans la Galice, Léon et la vieille Castille. Dans les Asturies, la montagne de Santander, les provinces Basques, la Navarre et le Haut-Aragon, la noblesse est endémique; on n'y est roturier que par exception. De compte fait, l'Espagne avec le tiers de la population de la France, compte peut-être vingt fois plus de familles nobles, et d'ailleurs cette distinction n'en est pas une, vu qu'elle n'a point de priviléges et que les preuves de noblesse ne sont nécessaires pour rien d'utile;

si quelque classe peut se plaindre de la constitution espagnole, c'est assurément le tiers-état. C'est peut-être à l'esprit nobiliaire de toute la population influente de l'Espagne, qu'on doit attribuer l'esprit démocratique de ses diverses constitutions, car les aristocrates sont toujours fort démocrates entre eux.

N'oublions pas d'ailleurs que Condillac nous apprend qu'il ne faut point raisonner d'un ordre de choses, avec les idées appartenantes à un autre : ne concluons rien en fait de guerre d'après les passions politiques ; se fier là-dessus pour le succès de la campagne d'Espagne, serait presqu'aussi insensé qu'il le serait de se défier de quelques-uns de nos militaires, parce qu'ils n'approuveraient pas la guerre ; ils ne la feraient pas moins bien. J'ai vu, à l'armée, des émigrés qui ne préféraient pas Napoléon, et des patriotes qui le détestaient, et qui ne s'en faisaient pas moins tuer pour lui lorsqu'ils en trouvaient l'occasion.

Laissant donc là l'influence de l'opinion des citoyens, revenons au concours des Espagnols, pour les opérations militaires, et voyons si nous serons bien heureux d'être traités comme des Anglais, ainsi que nous le promet le général Q........

Il était une fois un général espagnol qui passait pour une ganache. Il s'est bien formé depuis; car c'est à lui qu'on doit l'invention récente d'établir le quartier-général d'une armée en pays neutre, ce qui fait que la fumée de la poudre ne trouble pas la vue du chef. Quoiqu'il en soit, le Ciel lui inspira de demander le commandement d'une armée; et la régence voyant que tous les capitaines habiles avaient été malheureux, voulut essayer de celui-là. Il partit pour Madrid avec beaucoup de soldats, des comédiennes, et des robins qui formaient son arrière-garde. Il annonça son voyage à lord Wellington, et voulut bien lui communiquer son itinéraire. Sa Grâce pria Son Excellence de retarder son mouvement, pour qu'il put y coopérer. Savez-vous ce que répondit le fier Castillan? « E..... ne change rien à sés plans. » Le Cid n'eût pas mieux dit. Au reste, le Ciel récompensa le général E..... de sa constance, en lui accordant un insigne désagrément à mettre au pied du crucifix; il éprouva, près d'Ocagna, la déroute la plus classique dont l'histoire militaire fasse mention.

Quid Domini facient audent cum talia fures?

Aussi les autres généraux, avec plus de raison, tenaient la même conduite. Lapegna laissait le général Graham se battre tout seul à Barrosa ; et l'on sait que, parce qu'on avait voulu mettre Baillesteros sous les ordres d'un généralissime anglais, ce brave officier donna sa démission, ce qui ne nous fut pas d'un petit avantage.

On m'objectera l'alliance des Portugais. Ce n'est pas la même chose. Unis par l'origine, les mœurs, la langue, le Portugais et l'Espagnol sont deux frères brouillés ensemble. Ils se détestent; mais toutes les fois qu'il s'agit de l'intérêt commun, on les trouve réunis. Dans toutes les guerres défensives que l'Espagne a soutenues contre les Français, le Portugal a été son auxiliaire. Il sent que les Pyrénées sont les avant-postes de sa frontière. Les nations ont leur instinct comme les singes et les marmottes. Si Dieu avait laissé à la pauvre raison humaine le soin de conserver la pauvre espèce humaine, il n'aurait pas eu besoin d'un miracle pour la détruire par le déluge.

Le second avantage de la guerre est d'entretenir l'esprit et l'instruction militaire. Les Espagnols n'en ont pas besoin en ce moment, la guerre civile leur en fournit les moyens; mais il est d'autant moins à dédaigner pour les Français, que la guerre, dans ce pays, et contre de tels adversaires, est infiniment instructive.

Ces deux résultats sont généraux et tournent au profit de la nation.

Le troisième, quoique individuel, ne doit pas être négligé, c'est l'avancement; ce sont les grades, les croix, les pensions, et, sous ce rapport, la guerre d'Espagne fournit une mine très-avantageuse à exploiter. Il n'en est pas qui donne un avancement plus rapide, non-seulement à ceux qui la font et qui peuvent broncher en route, mais à ceux qui ne la font pas. Indépendamment de la colique de Madrid, de la fièvre jaune des côtes, de la froideur des nuits sous un climat brûlant le jour, de la fréquence des inflammations gastriques, enfin de toutes les choses dont se forme la prospérité d'un hôpital, indépen-

damment des chances ordinaires des batailles, il y a toutes celles de la petite guerre,
très-avantageuses pour ceux qui n'y sont pas
tués; il y a celles des siéges, parce que les
places n'étant pas défendues avec méthode,
tiennent jusqu'à la dernière extrémité, atten-
dent des assauts, ce qui consomme beaucoup
d'assiégeans; aussi je ne pense pas que, sauf
une campagne à Saint-Domingue ou au Sé-
négal, il puisse s'en présenter aucune qui
éclaircisse plus rapidemment les cadres, que
celle qu'on ferait au-delà des Pyrénées.

Je ne parlerai pas des autres résultats possibles de la guerre, des hectares de terre à
placer de tel ou tel côté de la frontière; d'a-
bord parce que c'est encore enveloppé dans
les nuages de l'avenir, ensuite parce que les
quatre puissances belligérantes, dans leurs
manifestes *quotidiens*, ne parlent de rien de
pareil : il s'agit seulement de renverser le
gouvernement actuel; il est fâcheux que le
ministère français ne soit pas entré dans cette
coalition de gazetiers; mais en ce moment il né-
gocie avec ce gouvernement là, et il ne lui demande pas sa propre destruction. Ce n'est sans
doute pas là une matière à des négociation.

Quant aux avantages indirects, on me permettra d'énumérer quelques-uns des plus saillans et des plus certains.

1° L'augmentation du patriotisme chez les deux nations, parce que cette nouvelle guerre nous fera détester encore plus de nos voisins, et peut-être nous engagera à les haïr à notre tour; et l'on sait que le principal élément de l'amour de la patrie est la haine pour les étrangers;

2° La plus grande activité de la caisse d'amortissement; la rente baissant, cette caisse pourra racheter à des prix plus avantageux. Il est en effet bien dur de payer aujourd'hui quatre-vingt-huit ce que nous avons vendu cinquante-cinq. Cette source de prospérité peut être telle, qu'un million, dépensé en Espagne, fasse gagner jusques à soixante mille francs à l'amortissement de Paris.

3° Le plus haut prix des remplaçans. Cet article semble peu considérable, mais qu'on daigne songer que l'augmentation de valeur, qui n'est actuelle que pour ceux qui se vendent, est éventuelle et virtuelle pour tous ceux qui sont vendables. Or, quand l'augmentation ne serait que de cent pistoles par tête, comptez combien il y a de gens vénaux en France , et voyez comme notre actif va augmenter par ce moyen.

4° La plus haute valeur donnée aux propriétés foncières. La guerre, devant nécessairement diminuer le commerce d'exportation, frappera quelques branches d'industrie, et l'on est convaincu, sans que je le répète, que l'industrie est une chose nuisible, qu'elle est la perte des états ; que c'est l'industrie qui, a détruit la féodalité et brisé les chaînes des serfs ; et si, ce qui est peut-être porter trop loin nos espérances , la guerre d'Espagne pouvait être assez longue, assez active, consommer assez d'hommes et de capitaux pour paralyser toutes ces fabriques, qui ont changé l'aspect de notre belle France, couverte jadis de forêts si romantiques et si monarchiques, nous nous rapprocherions sensiblement du bon temps, du temps de la loyauté des soldats de la Saint-Barthélemy, de la chasteté des héroïnes de Brantôme, de la probité des traitans italiens , ce qui est l'unique objet des vœux de tous les hommes bien pensans.

5°. Quelques manufactures , cependant ,

pourraient employer les industriels congé-
diés, en attendant qu'ils passassent les Pyrénées. Telles sont celles du sucre de bette-
rave, des jambes de bois, des vaudevilles
militaires, des épaulettes, de l'indigo-pas-
tel, etc.

6°. L'équilibre se rétablirait dans la population. M. Malthus a fort bien prouvé à tous
ceux qui ont eu envie d'être persuadés par
lui, que l'espèce humaine augmentait trop
rapidement, et pour cela il a sérieusement
proposé de mettre des obstacles aux mariages ; or, la guerre vaut mieux qu'un tel
moyen : d'abord parce qu'elle remédie en
partie à l'excédent déjà acquis; ensuite parce
qu'il n'est pas certain qu'un célibataire n'ait
pas d'enfans, au lieu que depuis les limites
étroites, dans lesquelles le Code a renfermé
la durée de la gestation, il est bien difficile
qu'un mort donne la vie à quelqu'un.

7°. Le nombre des troupeaux augmentera,
parce que les terres étant moins cultivées,
il en restera davantage en pâtures. C'est à
leur huit cents ans de guerre avec les Mores,
qui avaient mis en friche presque toute
l'Espagne, que ce pays doit ses belles laines.

8° Nous aurons plus de facilité d'importer des mérinos, des étalons andalous, de l'arachide et des patates.... Si, par la même occasion, et ce serait un moyen de nous enrichir sans appauvrir l'Espagne, nous pouvions aussi importer leur secret de faire marcher sept ministères avec moins de cent cinquante commis ; si nous pouvions leur dérober l'art de mettre un impôt sur la vanité en faisant payer des *lances* et des *demi-annates*, à tous ceux qui portent des titres, ce serait un butin qui en vaudrait bien un autre.

Des moyens.

Il me resterait pour terminer cet opuscule, à examiner les meilleurs moyens de faire la guerre ; à indiquer du moins quelle est la méthode préférable, de l'invasion ou de la marche méthodique. Je m'en abstiens, parce qu'il est inutile de discuter là où le choix est indifférent.

Le seul but raisonnable qu'on puisse se proposer en faisant la guerre à l'Espagne est de faire la guerre ; et celui-là, les deux méthodes peuvent l'atteindre également. Quant aux

chimères rêvées par les rédacteurs des qua-
tres journaux belligérans, le but imaginaire
qu'ils se proposent ne saurait être atteint par
l'une ni par l'autre. Ainsi, il n'existe pas non
plus de ce côté-là de motif pour choisir. On
peut donc se déterminer d'après la première
idée venue, s'en remettre au hasard, au zèle
de M. de la M..., à l'exactitude historique de
M. de B..., à la diplomatie de M. de J... tout
cela reviendra au même.

Supposons qu'on fasse une pointe, ou si
l'on veut une trouée. Je mets en fait qu'il
n'existe pas en Espagne de moyen d'empêcher une armée française de cinquante à
soixante mille hommes, ayant quelques petits
corps échelonnés derrière elle pour protéger
l'arrivée des munitions et le retour des con-
valescens, d'aller de Bayonne à Madrid, de
Madrid à Cadix, et successivement à Carthagène, à Barcelone, et même de pousser son pé-
lerinage jusqu'à S. Jacques de Galice. J'ajoute
de plus que cette armée serait bien reçue par
ceux des habitans qui ne fuiraient pas de
leurs villages; qu'elle serait maîtresse de tout
le terrain qu'elle occuperait et du territoire
environnant jusqu'à une portée de pistolet

des avant-postes, et qu'elle ne manquerait pas de vivres, pourvu qu'elle ne fît pas de séjour.

Mais cette promenade, la recommençât-on tous les ans, ne mènerait à fin que les souliers et la patience des pélerins. Avant qu'on n'arrivât à Madrid, le Roi, sa famille, ses ministres, son conseil, tout le gouvernement serait à Séville. Ils seraient à Cadix avant qu'on n'eût passé le Guadalquivir. Ils auraient le temps d'aller à Carthagène, fût-ce en suivant les côtes, avant qu'on ne fût maître de l'île de Léon, et pourraient ainsi précéder pendant trente ans nos armes victorieuses dans tous les coins de la péninsule.

On tue un taureau d'un seul coup, parce qu'il a toute sa vie dans sa tête. Celui qui était le maître d'Athènes tenait toute l'Attique, parce qu'Athènes était une capitale. Qu'on s'empare d'Alger, on sera souverain de tout le territoire de la régence. Mais l'Espagne n'a point de capitale; c'est un polype. La vie est partout. Coupez-le en morceaux, les bras repousseront une tête, la tête repoussera des bras. L'Espagne est encore, à bien des égards, une monarchie fédérative, et dix villes, sous divers rapports, disputent la prééminence à Madrid. D'ailleurs la cour d'Espagne a long-temps été vagabonde et même depuis qu'elle est fixée à Madrid, elle n'avait fait que mettre de l'ordre dans ses trashumations. Cinq fois l'année, maison militaire, maison domestique, maison civile, ministres, commis, garçons de bureaux, solliciteurs, se transportaient avec armes et bagages, de Madrid à Aranjuez, d'Aranjuez à Madrid, de Madrid à l'Escorial, de l'Escorial à la Grange, pour revenir à Madrid. Tout est toujours disposé pour cela; et les bureaux des ministres sont faits de manière à remplacer des malles.

Fera-t-on une guerre méthodique? Avec quelques cent mille hommes, et la valeur française, on parviendra, après deux campagnes et dix siéges, à s'établir solidement sur l'Ebre. On y aura gagné d'allonger de quelques lieues la ligne d'opération. Si l'on veut avancer, **il faudra augmenter l'armée,** parce qu'il y a cent lieues de plus de Tortose à la Corogne, que de Port-Vendres à Saint-Jean de Luz. Si l'on fait de nouveaux progrès, il faudra de nouveaux renforts.

De cette manière, on peut pousser très-loin ses moyens de consommation en hommes, en poudre et en argent. Pour savoir à peu près la limite, on doit se rappeler que l'armée française en Espagne a été de plus de deux cent mille hommes à la fois, et que jamais le territoire vraiment occupé n'a été plus du tiers, peut-être même le quart de la Péninsule ; il ne s'agit donc que de trouver le quatrième terme d'une proportion dont les trois premiers sont : 1:3 ou 4::200,000 ; on prendra huit cents fois le nombre trouvé pour avoir la dépense en francs, et le quart du même nombre indiquera la quotité des levées annuelles d'hommes.

On voit donc, et c'est en cela que consiste l'*excellence* de cette guerre, que, de quelque manière qu'on l'entreprenne, il n'est pas de raison pour qu'elle finisse.

Voilà assurément une bonne raison pour la commencer.

AUX ARMES !

FIN.